I0037265

**Matthias Fiedler**

# Канцэпцыя інавацыйнага падбору нерухомасці: Дзякуючы пасрэдніцкім паслугам па аперацыях з нерухомасцю гэта проста

**Падбор нерухомасці: Эфектыўныя, простыя і прафесійныя паслугі па аперацыях з нерухомасцю дзякуючы інавацыйнаму парталу па падбору нерухомасці**

# Падрабязнасці публікацыі - Афіцыйныя рэквізіты | Юрыдычная заўвага

1. Друкарскае выданне | лютага2017
(Першапачаткова друкаваны у Германіі, Снежань 2016)

© 2016 Matthias Fiedler

Matthias Fiedler
Erika-von-Brockdorff-Str. 19
41352 Korschenbroich
Германія
www.matthiasfiedler.net

Друкаванне і вытворчасць:
Глядзіце імпрынт на апошняй старонцы

Афармленне вокладкі Matthias Fiedler
Стварэнне электроннай кнігі: Matthias Fiedler

Усе правы абараняюцца.

ISBN-13 (кніга ў мяккай вокладцы): 978-3-947184-62-0
ISBN-13 (Электронная кніга mobi): 978-3-947128-40-2
ISBN-13 (Электронная кніга epub): 978-3-947128-41-9

Гэтая работа, у тым ліку яе часткі, абаронена аўтарскім правам. Любое выкарыстанне або прымяненне (у тым ліку частак гэтай работы) забаронена і праследуецца без відавочна пісьмовай згоды аўтара. Гэта адносіцца, у прыватнасці, к электроннаму ці іншаму капіраванню, перакладу, захоўванню, апрацоўке, распаўсюджванню і доступу грамадскасці ў любой форме (напрыклад, фатаграфіі, мікрафільмы або любым іншым спосабам).

Бібліяфічная інфармацыя аб Нямецкай нацыянальнай бібліятэцы: Нямецкая нацыянальная бібліятэка запісвае гэтую публікацыю ў нямецкай нацыянальнай бібліяграфіі; падрабязныя бібліяграфічныя звесткі даступныя ў Інтэрнеце па адрасе: http://dnb.d-nb.de.

## Кароткія звесткі

Гэтая кніга тлумачыць рэвалюцыйную канцэпцыю сусветнага парталу па падбору нерухомасці (app) з разлікам значных патэцыйных продажаў (мільярд далляраў), які інтэграваны ў праграмнае забяспячэнне агенства нерухомасці, уключаючы ацэнку нерухомасці (трылльен далляраў патэнцыяльных продажаў).

Гэта азначае, што жылая і камерцыйная нерухомасць, якая здаецца ўнаем ці арэндуецца, можа быць эфектыўна прададзенай за кароткі час. Гэта будучыня інавацыйных і прафесійных пасярэдніцкіх паслуг для ўсіх агентаў нерухомасці і ўласнікаў маемасці. Аперацыі па падбору нерухомасці ажыццяўляюцца амаль ва ўсіх краінах і нават па-за мяжы.

Замест таго, каб "прапанаваць" маемасць пакупніку ці арэндатару з дапамогай парталу па падбору нерухомасці, патэнцыйныя пакупнікі ці арэндатары могуць атрымаць кваліфікацыю (пашуковы профіль) і затым яны атрымаюць доступ к адпаведным прапановам па нерухомасці ад агентаў па нерухомасці.

# ЗМЕСТ

# ПРАДМОВА

У 2011 годзе я задумаў і развіў ідэю, апісаную тут для працэсу падбору нерухомасці.

З 1998 года я прымаў удзел у справе з нерухомасцю (уключаючы пасярэдніцкія паслугі з нерухомасцю, пакупка і продаж, ацэнка, арэнда і будаўніцтва аб'ектаў нерухомасці). Я рыелтал (IHK), эканаміст па нерухомасці (ADI) і сертыфікаваны эксперт па ацэнке нерухомасці (DEKRA), а таксама член міжнародна прызнанай асацыяцыі па нерухомасці Каралеўскага Інстытута дыпламаваных ацэншчыкаў (MRICS).

Matthias Fiedler
Korschenbroich, 31.10.2016
www.matthiasfiedler.net

**1. Канцэпцыя інавацыйнага падбору нерухомасці: Дзякуючы пасрэдніцкім паслугам па аперацыях з нерухомасцю гэта проста**

**Падбор нерухомасці: Эфектыўныя, простыя і прафесійныя паслугі па аперацыях з нерухомасцю з інавацыйным парталам па падбору нерухомасці**

Замест таго, каб "прапанаваць" маемасць пакупніку ці арэндатару з дапамогай парталу па падбору нерухомасці (app), патэнцыйныя пакупнікі ці арэндатары могуць атрымаць кваліфікацыю (пашуковы профіль) і затым яны атрымаюць доступ к адпаведным прапановам па нерухомасці ад агентаў па нерухомасці.

## 2. Асноўныя мэты патэнцыйных пакупнікоў ці арэндатараў і прадаўцоў нерухомасці

З пункту гледжання прадаўцоў нерухомасці і ўласнікаў, важна прадаць ці арэндаваць сваю ўласнасць хутка і за максімальна магчымы кошт.

З пункту гледжання патэнцыйных пакупнікоў і арэндатараў, важна знайсці адпаведную нерухомасць, каб задаволіць свае патрэбы і быць здольным арэндаваць ці купіць па магчымасці хутка і легка.

## 3. Папярэднія падыходы да пошуку нерухомасці

Як правіла, патэнцыйныя пакупнікі ці арэндатары нерухомасці выкарыстоўваюць буйныя онлайн парталы па нерухомасці для пошука аб'ектаў нерухомасці ў сваім вылучаным рэгіене. Там яны могуць знайсці аб'екты нерухомасці ці спіс адпаведных ссылак на аб'екты нерухомасці, якія адразу адпраўляюцца па электроннай пошце, як толькі яны стварылі кароткі пашуковы профіль. Так заўседы робіцца на 2 - 3 парталах па нерухомасці. Пасля гэтага, як правіла, прадавец звязваецца па электроннай пошце. У выніку, прадавец ці ўласнік атрымлівае магчымасць і дазвол увайсці ў кантакт з зацікаўленым бокам.

Акрамя таго, патэнцыйныя пакупнікі ці арэндатары звязваюцца з агентамі па нерухомасці ў сваім рэгіене і для іх ствараецца пашуковы профіль.

Пастаўшчыкі паслуг на парталах па нерухомасці прыведзены як з жылога, так і з камерцыйнага сектару нерухомасці. Камерцыйныя пастаўшчыкі паслуг у асноўным агенты па аперацыях з нерухомасцю, а ў некаторых выпадках будаўнічыя кампаніі, агенты па продажу нерухомасці і іншыя кампаніі па нерухомасці (у гэтым тэксце камерцыйныя пастаўшчыкі паслуг вызначаюцца як агенты па продажу нерухомасці).

## 4. Загана прыватных прадаўцоў / Перавага агентаў па нерухомасці

Прыватныя прадаўцы не заўседы могуць гарантаваць неадкладную продаж аб'ектаў нерухомасці для продажу. У выпадку з маемасцю, якая атрымана ў спадчыну, напрыклад, калі няма адзінай пазіцыі сярод спадчыннікаў або ў выпадку, калі пасведчанне аб праве на спадчыну згублена. Акрамя таго, недакладныя юрыдычныя пытанні, такія як права на пражыванне, могуць ускладніць продаж.

У выпадку з арэндай нерухомасці, гэта можа адбыцца, калі прыватны ўласнік не атрымаў афіцыйнага дазволу, напрыклад, такога, каб арэндаваць жылую камерцыйную плошчу.

Калі агент па нерухомасці дзейнічае ў якасці пастаўшчыка паслугі, ен, як правіла, ужо растлумачыў раней названыя аспекты. Акрамя таго, усе адпаведныя дакументы па нерухомасці (папавярховы план, план ўчастка, сертыфікат па энергіі, рэестр праў па нерухомасці, афіцыйныя дакументы і інш.) як правіла ўжо прысутнічаюць. У выніку, продаж ці арэнда можа ажыццяўляцца хутка і без ускладненняў.

## 5. Падбор нерухомасці

Для таго, как арганізаваць пагадненне зацікаўленых прадаўцой або арэндатараў з прадаўцом так хутка і эфектыўна, як толькі гэта магчыма, як правіла, важна прымяніць сістэмны і прафесійны падход.

Гэта стравараецца тут дзякуючы падыходу (ці працэсу), які наадварот факусіруецца на працэсе пошука і знаходжання паміж агентамі па нерухомасці і зацікаўленымі бокамі. Замест таго, каб "прапанаваць" маемасць пакупніку ці арэндатару з дапамогай парталу па падбору нерухомасці (app), патэнцыйныя пакупнікі ці арэндатары могуць атрымаць кваліфікацыю (пашуковы профіль) і затым яны атрымаюць доступ к адпаведным прапановам па нерухомасці ад агентаў па нерухомасці.

На першым этапе, патэнцыйныя пакупнікі ці арэндатары стварылі адмысловы пашуковы профіль на партале нерухомасці для падбору неабходных умоў. Гэты пошук профіля ўключае ў сябе прыкладна 20 характэрыстык. Наступныя характэрыстыкі могуць быць уключаны (не поўны спіс) і іграюць важную ролю для пошука профіля.

- Рэгіен / Паштовы індэкс / Горад
- Тып аб'екту
- Памер аб'екту нерухомасці
- Жылая плошча
- Кошт пакупкі / арэнды
- Год будаўніцтва
- Гісторыя
- Колькасць пакояў
- Арэнда (есць/адсутнічае)
- Цокальны паверх (есць/адсутнічае)
- Балкон/тэраса (есць/адсутнічае)
- Метад ацяплення
- Парковачная пляцоўка
  (есць/адсутнічае)

Тут важна тое, что характэрыстыкі не ўводзяцца ўручную, а выбіраюцца пстрычкай або адкрыццем адпаведных палей (напрыклад, тып нерухомасці) са спісу з загадзя зададзеных магчымасцей/опцый (для тыпаў жылля: кватэры, дамы для адной сям'і, склад, офіс і г.д.).

Пры жаданні, зацікаўленыя бакі могуць страваць дадатковыя пашуковыя профілі. Таксама магчыма перамена пашуковага профілю.

Акрамя таго, патэнцыйныя пакупнікі ці арэндатары ўводзяць поўную кантактную інфармацыю ў названых палях. Яны ўключаюць у сябе прозвішча, імя, вуліцу, нумар дома, паштовы індэкс, горад, тэлефон і адрас электроннай пошты.

У гэтым кантэксце, зацікаўленыя бакі прадастаўляюць сваю згоду звязацца і атрымаць падбор нерухомасці ад агентаў па нерухомасці.

Тыкім чынам, зацікаўленыя бакі таксама заключаюць паміж сабою кантракт з аператарам парталу па падбору нерухомасці.

На наступным этапе, пашуковыя профілі становяцца даступнымі для падлучаных агентаў па нерухомасці, пака яшчэ не яўна, праз інтэрфейс прыкладнога праграміравання (api) - напрыклад, аналагічна нямецкаму праграмнаму інтэрфейсу "openimmo". Неабходна адзначыць, што гэты праграмны інтэрфейс - па сутнасці з'яўляецца ключом практычнага прымянення - павінен падтрымліваць або гарантаваць перадачу амаль кожнага праграмнага рашэння па нерухомасці у цяперашнім часе. Калі гэта не так, то гэта павінна быць зроблена тэхналагічна магчымым спосабам. Паколькі ў выкарыстанні ўжо есць інтэрфейсы праграмавання, такія як вышэйназваны "openimmo", а таксама іншыя, з іх дапамогай есць магчымасць перанасіць пашуковыя профілі.

У гэты час агенты па нерухомасці параўноўваюць профілі са сваей прадстаўленай на рынку нерухомасцю. Для гэтай мэты, на партале нерухомасці загружаецца параўнанне, згоднае з адпаведнымі характэрыстыкамі.

Пасля таго, як адбылося параўнанне, генеруецца даклад, які адлюстроўвае ў працэнтах супадзенне. Пачыная з 50% супадзеній, пашуковы профіль адлюстроўваецца у праграмным забяспячэнні агенства нерухомасці.

Індывідуальныя характэрыстыкі параўноўваюцца адзін з другім (па бальнай сістэме) такім чынам, што пасля параўнання характэрыстык вызначаецца працэнт супадзення (магчымасць супадзення). Напрыклад, характэрыстыка "тып нерухомасці" вызначаецца вышэй за характэрыстыку "жылая плошча". Акрамя таго, некаторыя харатэрыстыкі (напрыклад, падвал) могуць быць выбраны, калі нерухомасць павінна іх мець.

У ходзе параўнання характэрыстык для падбору, трэба таксама забяспечыць, каб агенты па нерухомасці мелі доступ да іх пажаданых (замацаваных) рэгіенаў. Гэта памяншае намаганні для параўнання даных. Прымая пад ўвагу тое, як часта агенства нерухомасці праводзяць аперацыі на рэгіянальным узрозні, гэта асабліва важна. Тут трэба адзначыць, што праз воблачны сэрвіс, сення можна захоўваць і апрацоўваць вялікія аб'емы даных.

Для таго, каб гарантаваць брокерскія прафесійныя паслугі з нерумасцю, толькі агенты па нерухомасці маюць доступ да пашуковых профіляў.

У гэтых мэтах, агенты па нерухомасці заключаюць кантракт з апературам парталу па падбору нерухомасці.

Пасля адпаведнага параўнання/падбору, агент па нерухомасці звязваецца з зацікаўленым бокам, або наадварот, зацікаўлены бок звязваецца з агенствам нерухомасці. Калі агент па нерухомасці накіраваў даклад патэнцыйнаму пакупніку ці арэндатару, гэта таксама азначае, што даклад аб дзейнасці або патрабаванне агента для камісійнай узнагароды афармляецца ў выпадку здзейсненай продажы ці арэнды.

Гэта ў тым выпадку, калі агент па нерухомасці наймаецца ўласнікам маемасці (праваўцом ці ўладальнікам) для размяшчэння нерухомасці або па згодзе дазваляе паказваць нерухомасць.

## 6. Вобласць скарыстання

Падбор нерухомасці апісаны тут выкарыстоўваецца для продажы і арэнды нерухомасці ў жылым і камерцыйным сектары. Для камерцыйнай нерухомасці, патрабуюцца адпаведныя дадатковыя характарыстыкі.

З боку патэнцыйнага пакупніка ці арэндатара таксама можа выступаць агент па нерухомасці , гэта часта ажыццяўляецца на практыцы, напрыклад, калі была дамова з боку кліентаў.

З пункту гледжання геаграфічных рэгіенаў, партал па падбору нерухомасці выкарыстоўваецца амаль ва ўсіх краінах.

# 7. Перавагі

Гэты працэс падбору нерухомасці прапануе вялікую перавагу патэнцыйным пакупнікам і прадаўцам, шукаюць яны нерухомасць у сваім рэгіене (месцы жыхарства), ці плануюць пераезд у другі горад па прычынах, звязаных з працай.

Ім патрэбна толькі адзін раз ўвесці свой профіль, каб атрымаць інфармацыю аб патрэбнай нерухомасці ад агентаў па нерухомасці, якія працуюць у пажаданым рэгіене.

Для агентаў па нерухомасці, гэта абяспечвае значныя перавагі з пункту гледжання эфектыўнасці і эканоміі часу для продажу або здачы ў арэнду.

Яны атрымліваюць неадкладны агляд таго, наколькі высокі патэнцыял для канкрэтных зацікаўленых бакоў у дачыненні да кожнай адпаведнай нерухомасці, якая ім прапанована.

Акрамя таго, агенты па нерухомасці могуць непасрэдна звяртацца да сваей неабходнай мэтавай групе, якая дапамагла некаторымі спецыфічнымі поглядамі для пошука нерухомасці "мары" у працэсе выбара ўстаноўкі настроек у іх пашуковым профілі. Кантакт можа быць усталяваны, напрыклад, шляхам адпраўкі даклада па нерухомасці.

Гэта павышае якасць кантакту з зацікаўленымі бакамі, якія ведаюць, што ім патрэбна. Гэта таксама памяншае колькасць наступнага агляду нерухомасці, якая, у сваю чаргу, памяншае агульны маркетынгавы перыяд для продажу нерухомасці.

Пасля таго, як патэнцыйны пакупнік ці арэндатар прагледзеў размешчаную нерухомасць, заключаецца кантракт куплі ці арэнды, як і пры традыцыйным маркетынге па нерухомасці.

**8. Прыкладны разлік (Магчымы) - толькі будынкі не здаваныя ўнаем і дамы (без арэнды кватэр ці дамоў, або камерцыйная нерухомасць)**

Наступны прыклад наглядна пакажа магчымасці партала па падбору нерухомасці.

У геаграфічным раене с насельніцтвам у 250 000 жыхароў, такім, як горад Менхен-Гладбах (Германія), знаходзяцца -статыстычна акруглена - каля 125 000 жылых дамоў (2 жыхара на дом). Сярэдняя хуткасць перасялення складае каля 10%. Гэта азначае, што ў год 12 500 сямейных адзінак пераязджае. Тут не ўлічваецца доля тых, хто пераязджае за мяжу Менхен-Гладбаху. Каля 10 000 сем'яў (80%) шукаюць нерухомасць для арэнды і каля 2 500 семей (20%) шукаюць нерухомасць для продажу.

У адпаведнасці з дакладам аб рынку нерухомасці экспертнай камісіі горада Менхен-Гладбаха, у 2012 годзе было здейснена 2 613 пакупак нерухомасці. Гэта пацвярджае раней названую лічбу ў 2 500 патэнцыяльных пакупнікоў. На самай справе было бы больш, але не кожны патэнцыяльны пакупнік мог знайсці сваю ідэальную нерухомасць. Колькасць сапраўдных зацікаўленых патэнцыяльных пакупнікоў - ці, асабліва, колькасць пашуковых профіляў - ацэньваецца у два разы вышэй за сярэдні ўзровень пераездаў у другі рэгіен, які складае 10%, а іменна 25 000 пашуковых профіляў. Гэта ўключае магчымасць, што патэнцыйныя пакупнікі стварылі некалькі пашуковых профіляў на партале па падбору нерухомасці.

Таксама патрэбна вызначыць, што зыходзячы з вопыту амаль палавіна патэнцыяльных пакупнікоў і арэндатараў да гэтага часу знаходзілі сваю нерухомасць у супрацоўніцтве з агентам па нерухомасці; што складае 6 250 хатніх гаспадарак.

Прошлы вопыт таксама паказвае, што па крайняй меры 70% усіх семяйных адзінак шукалі нерухомасць праз партал нерухомасці ў Інтэрнеце, што ўвогуле складае 8 750 хатніх гаспадарак (адпавядае 17 500 профілям пошуку).

Каля 30% з усіх патэнцыйных пакупнікоў і прадаўцоў, што адпавядае 3 750 сямейным адзінкам (ці 7 500 пашуковым профілям) павінны былі стварыць профіль на партале па падбору нерухомасці (app) для горада, падобнаму Менхен-Гладбаху, падлучаныя агенты па аперацыях з нерухомасцю могуць прапанаваць адпаведную нерухомасць патэнцыйным пакупнікам праз 1 500 адмысловых пашуковых профіляў (20%) і патэнцыйным арэндатарам праз 6 000 адмысловых пашуковых профіляў (80%).

Гэта азначае, што пры сярэдняй працягласці пошуку у 10 месяцаў і прыкладнаму кошту у 50 еўра для кожнага пашуковага профіля, які створаны патэнцыйным пакупніком ці арэндатарам, існуе магчымасць продажу на суму ў 3 750 000 еўра у год з 7 500 пашуковымі профілямі для горада з насельніцтвам у 250 000 жыхароў.

Асноўваючыся на вядомыя факты, для ўсей Германіі с насельніцтвам каля 80 000 000 (80 мільенаў) жыхароў, гэты вынік патэнцыяльных продажаў складае 1 200 000 000 еўра (1,2 мільярда еўра) у год. Каля 40 % усіх патэнцыяльных пакупнікоў ці арэндатараў шукаюць нерухомасць праз партал па падбору нерухомасці замест 30%, патэнцыяльныя продажы павялічваюцца да 1 600 000 000 еўра (1,6 мільярдаў еўра) у год.

Патэнцыяльныя продажы вызначаны толькі для кватэр, займаных уладальнікам і дамоў. Арэнда і інвестыцыі ў нерухомасць у сектары жылой нерухомасці і сектары агульнай камерцыйнай нерухомасці не ўключаюцца ў гэты патэнцыяльны розлік.

Каля 50 000 кампаній у Германіі працуюць у бізнесе брокерскіх паслуг з нерухомасцю (уключая агенства нерухомасці, будаўнічыя кампаніі, трэйдераў нерухомасці і іншыя кампаніі па рабоце з нерухомасцю), каля 200 000 супрацоўнікаў і доля у 20 % гэтых 50 000 кампаній выкарыстоўвае гэты партал па падбору нерухомасці ў сярэднем з 2 ліцэнзіямі, як вынік (выкарыстоўваецца прыкладны кошт у 300 еўра за ліцэнзію) гэта патэнцыяльныя продажы на суму у 72 000 000 еўра (72 мільена еўра) у год. Акрамя таго, калі рэалізаваны рэгіянальны запіс мясцовых пашуковых профіляў, значны дадатковы патэнцыял продажаў можа быць сгенерыраваны, у адпаведнасці з тэхнічным выкананнем.

З гэтым велізарным патэнцыялам пакупнікоў і арэндатараў з адмысловымі пашуковымі профілямі, агенты па нерухомасці больш не патрабуюць аднаўляць сваю базу даных - калі есць адна - зацікаўленых бакоў. Акрамя таго, колькасць сучасных пашуковых профіляў, вельмі верагодна, перавышае колькасць пашуковых профіляў, створаных многімі агентамі па нерухомасці ў сваіх базах даных.

Калі гэты інавацыйны партал па пошуку нерухомасці працуе ў некальуіх краінах, патэнцыяльныя пакупнікі з Германіі могуць, напрыклад, стварыць пашуковы профіль для пошуку апартаментаў для адпачынку на міжземнаморскім востраве Маерка (Іспанія) і звязацца с агентамі па нерухомасці ў Маерцы, якія могуць прадставіць існуючыя апартаменты сваім патэнцыяльным кліентам з Германіі па электроннай пошце. Калі даклад на іспанскай мове, патэнцыяльныя арэндатары могуць проста выкарыстоўваць праграму машыннага перакладу з Інтэрнету каб хутка перакласці тэкст на нямецкую мову.

Для таго, как мець магчымасць рэалізаваць пошук профіляў па існуючай нерухомасці без моўных бар'ераў, параўнанне адпаведных характарыстык можа быць зроблена ў рамках узгаднення партала нерухомасці на аснове запраграмаваных (матэматычных) характэрыстык, незалежна ад мовы і адпаведная мова надаецца ў канцы.

Пры выкарыстанні партала па падбору нерухомасці на ўсіх кантынентах, раней згаданы патэнцыял продажаў (толькі для зацікаўленых у пошуку) экстрапалюецца вельмі проста і выглядае наступным чынам.

Сусветнае насельніцтва:

7 500 000 000 (7,5 мільярдаў) жыхароў

1. Насельніцтва ў прамыслова развітых краінах і ў пераважна прамысловых краінах:

   2 000 000 000 (2,0 мільярда) жыхароў

2. Колькасць насельніцтва ў краінах з пераходнай эканомікай:

   4 000 000 000 (4,0 мільярда) жыхароў

3. Колькасць насельніцтва ў краінах ў стадыі развіцця:

   1 500 000 000 (1,5 мільярда) жыхароў

Гадавы патэнцыял продажаў для Германііператвараецца і практыкуецца у лічбах 1,2 мільярдаў еўра з 80 мільенамі жыхароў з наступнымі надаванымі фактарамі для прамыслова развітых, у краінах з пераходнай эканомікай і краінах ў стадыі развіцця.

1. Прамыслова развітыя краіны:          1,0

2. Краіны з пераходнай эканомікай:     0,4

3. Краіны ў стадыі развіцця:               0,1

Вынікам выступае наступны гадавы патэнцыял продажаў (1,2 мільярд еўра х насельніцтва (прамыслова развітыя краіны, краіны з пераходнай эканомікай, краіны ў стадыі развіцця)/ 80 мільенаў жыхароў х фактар).

| 1. | Краіны прамыслова развітыя: | Еўра | 30.00мільярдаў |
|----|------|------|------|
| 2. | Краіны з пераходнай эканомікай: | Еўра | 24.00 мільярдаў |
| 3. | 3. Краіны ў стадыі развіцця: | Еўра | 2.25 мільярдаў |
| **Вынік:** | | **Еўра** | **56.25 мільярдаў** |

# 9. Заключэнне

Наглядна паказаныя прапановы на партале па падбору нерухомасці надаюць значную перавагу для гэтага пошуку нерухомасці (зацікаўленым бакам) і для агентаў па нерухомасці.

1. Час, неабходны для пошука неабходнай нерухомасці значна меньшы для зацікаўленых бакоў, таму што ім толькі адзін раз патрэбна стварыць свой пашуковы профіль.

2. Агент па нерухомасці атрымлівае агульную карціну аб колькасці патэнцыйных пакупнікоў або арэндатараў, уключая інфармацыю аб іх канкрэтных патрэбах (пашуковы профіль).

3. Зацікаўленыя бакі атрымліваюць толькі пажаданую ці адпаведную нерухомасць (на аснове пашуковага профілю) ад

агентаў па нерухомасці (падобна аўтаматычнаму папярэдняму пошуку).

4. Агенты па нерухомасці скарачаюць свае намаганні для захавання сваей уласнай базы даных пашуковых профіляў, паколькі шматлікія сучасныя профілі пастаянна актыўны.

5. Толькі камерцыйныя пастаўшчыкі/агенты па нерухомасці падлучаны да парталу па падбору нерухомасці, патэнцыяльныя пакупнікі ці арэндатары могуць працаваць з вопытнымі агентамі па нерухомасці.

6. Агенты па нерухомасці памяньшаюць сваю колькасць аглядаў і агульны перыяд маркетынгу. У сваю чаргу, колькасць аглядаў для патэнцыяльных пакупнікоў ці арэндатараў зніжаецца, а таксама час для заключэння кантракта куплі ці арэнды.

7. Уладальнікі нерухомасці павінны захаваць добры час на продаж ці арэнду. Акрамя таго, есць фінансавыя выгады з меньшым часам для арэнды нерухомасці і хуткай аплаты пакупкі нерухомасці пры продажы ў выніку хуткай арэнды або продажы.

**Рэалізуючы гэту канцэпцыю пры падборы нерухомасці, значны прагрэс можа быць дасягнуты пры брокерскіх паслугах з нерухомасцю.**

## 10. Інтэграцыя парталу па падбору нерухомасці у праграмнае забяспячэнне Новага Агенства па Нерухомасці, уключая ацэнку нерухомасці

У якасці заключнага каментарыя, партал па падбору нерухомасці апісаны тут можа быць значным кампанентам новага - у ідэале даступным па ўсім свеце - праграмнага рашэння па агенству нерухомасці з самага пачатку. Гэта азначае, што агенты па нерухомасці могуць выкарыстоўваць партал па падбору нерухомасці ў дапаўненні к іх існуючым праграмным забаспячэнням для агенстваў нерухомасці або ў ідэале выкарыстоўваць новае праграмнае рашэнне для агенстваў нерухомасці ўключаючы партал па падбору нерухомасці.

Аб'ядноўвая гэты эфектыўны і інавацыйны партал па падбору нерухомасці з новым раграмным забяспячэннем для агенства

нерухомасці, ствараецца фундаментальна
унікальная гандлевая прапанова для
праграмнага забяспячэння агенства
нерухомасці, якая будзе мець важнае значэнне
для пранікнення на рынак.

Так як адзнака нерухомай маемасці з'яўляецца
і будзе заставацца адным з найважнейшых
кампанентаў агенства нерухомасці,
праграмнае забяспячэнне агенства
нерухомасці павінна адводзіць важнейшае
месца аб'яднанню інструменту ацэнкі. Пры
ацэнке нерухомасці з адпаведнымі метадамі
разліку выкарыстоўваюцца адпаведныя
ўведзеныя/захоўваныя параметры даных па
аб'ектах нерухомасці агенстваў нерухомасці.
Акрамя гэтага, агент па нерухомасці можа
кампенсаваць параметры, якія адсутнічаюць,
сваім уласным вопытам на рэгіянальным
рынку.

Акрамя таго, праграмнае забяспячэнне агенства нерухомасці павінна мець магчымасць аб'яднання віртуальных тураў па даступнай нерухомасці. Гэта можна легка рэалізаваць шляхам стварэння дадатковага праграмнага забяспячэння для мабільнага тэлефону і/ці планшэту, які можа запісваць, а затым інтэграваць або ўключаць віртуальны тур па нерухомасці - часцей за ўсе аўтаматычна - у праграмным забяспячэнні агенства нерухомасці.

Калі эфектыўны і інавацыйны партал па падбору нерухомасці ўключаны ў новае праграмнае забаспячэнне агенства нерухомасці разам з ацэнкай нерухомасці, значна павялічваецца магчымы патэнцял продажаў.

---

Matthias Fiedler

Korschenbroich, 31.10.2016

Matthias Fiedler

Erika-von-Brockdorff-Str. 19

41352 Korschenbroich

Германія

www.matthiasfiedler.net